DR. GUSTAVO CAMELO

entre pétalos y espinas

Entre pétalos
y espinas   Dr. gustavo camelo

Antes de comenzar, algunos puntos importantes a considerar...
Todos los nombres de empresas, marcas registradas, imágenes, texto con derechos de autor pertenecen a sus respectivos dueños.
Este ebook:

- No puede ser vendido (ni de manera electrónica, o física)
- No puede ser reproducido parcial o totalmente, sin el consentimiento de su autor
- No puede ser modificado de ninguna manera
Bien, ahora que todo eso está claro y fuera de nuestro camino... vamos a lo que nos interesa!

Capítulo 1: "Despertando al deseo"

Emilia tenía 27 años y llevaba ya tres con Sebastián, su primer novio formal. Al conocerse fue atracción instantánea y pasión desbordada, teniendo sexo a diario los primeros meses, varias veces al día.

Luego con la convivencia y el paso del tiempo la intensidad bajó, el trabajo y el cansancio hicieron lo suyo. Aunque se amaban, ya no tenía la urgencia de antes por hacer el amor. Pasaron de tener relaciones casi a diario ese primer año, a dos o tres veces por semana, luego una vez cada dos semanas...al punto que pasaron 45 días desde la última vez al inicio de esta historia.

A Emilia le costó asimilar al principio ese cambio en la frecuencia de sus encuentros íntimos, lo atribuyó a la rutina y las obligaciones de adultos con vida laboral activa. Pero después extrañaba esa cercanía y complicidad perdidas, le hacía dudar del amor de él.

Un viernes tuvieron una fuerte discusión por una confusión de Sebastián con los planes de fin de semana de Emilia con sus amigas. Estaban muy enfadados ambos cuando él se fue dando un portazo. No se comunicaron en todo el fin de semana, que cada uno pasó por su lado. Emilia estuvo con sus amigos pero pensaba en Sebastián y la discusión pendiente.

El lunes temprano él le mandó un mensaje pidiendo verla esa noche en su casa a las 8, sin más detalles. Emilia dudó, aún algo resentida, pero decidió ir para encarar la situación de una vez y no alargara más la tensión.

Grande fue su sorpresa al entrar y ver la escena romántica que Sebastián había preparado: música suave, velas, vino, flores y hasta había cocinado. Al ver su desconcierto Sebastián la abrazó y le susurró tiernamente que lo sentía, que no quería perderla y estaba dispuesto a rescatar la magia de antes.

Cenaron lentamente, como hacía mucho no compartían un momento especial juntos. Él le leyó un poema mientras brindaban y a Emilia se le humedecieron los ojos emocionada. Era como volver atrás en el tiempo cuando recién se conocieron, todo era nuevo e intenso.

Luego del postre no pudieron resistir más la atracción creciente y la tensión sexual acumulada. Comenzaron a besarse lentamente pero subió la temperatura rápidamente. Fueron quitándose la ropa en el camino a la habitación, acariciándose con ansiedad contenida.

Emilia sentía su feminidad palpitar de deseo luego de tanto tiempo inactiva. Él la recorrió entera con besos húmedos, ella se estremecía y suspiraba a cada contacto. Le dijo entre jadeos lo mucho que añoraba que la tocara así, sentirlo dentro, y que no podía esperar mucho más.

Al unirse gramaticalmente gimieron de placer casi al unísono. Ella lo envolvió con sus piernas para intensificar la penetración, los movimientos comenzaron lentos, pausados, disfrutando cada centímetro de esa ansiada invasión mutua para reconocerse de nuevo como amantes.

Pero rápidamente la intensidad aumentó, meses de distancia hicieron que eyacularan prontamente.

Pero aún excitados siguieron las caricias y los juegos previos para encender el fuego nuevamente. Esta vez ella lo montó para marcar el ritmo, él succionaba y lamía sus senos enloqueciéndola de placer.

Intercambiaron varias posturas y combinaciones de masturbación oral y manual para dar y recibir sin límites.
La habitación se inundaba de gemidos, el roce de los cuerpos y el aroma del sexo. Todo era urgencia y ansiedad por recuperar cada minuto perdido. No sentían saciedad ni cansancio. Hicieron una pausa sólo para hidratarse y compartir una fruta antes de volver al encuentro. Hubo largos períodos de mirarse a los ojos mientras se unían, tomados de la mano, en completa entrega mutua.

Así pasaron la noche entera entre sesiones de dormitar abrazados, comer algo para reponer fuerzas y luego volver a entregarse con renovado ímpetu.

Fue mágico en muchos momentos y bestialmente apasionado en otros. Rieron, se contemplaron, compartieron confidencias...era como una primera vez superando con creces sus experiencias anteriores.

Ya de madrugada durmieron profundamente abrazados, con una sonrisa de paz y plenitud. El despertar trajo la promesa de continuidad, de alimentar y atender esa llama para que nada la extinguiera nuevamente. Emilia se marchó radiante, ansiando repetir pronto esa reconciliación paradigmática.

Capítulo 2: "La salud sexual infantil"

Mía tenía 8 años y era muy curiosa por naturaleza. Últimamente le surgían todo tipo de preguntas sobre de dónde venían los bebés, cómo se formaban en la panza de mamá y qué era realmente eso de "hacer el amor" que algunas veces mencionaban los adultos.

Sus padres, Natalia y Pedro, sabían que más temprano que tarde su pequeña empezaría a indagar sobre sexualidad. Pero no esperaban que sucediera tan pronto. Una tarde, mientras miraban una película familiar, Mía los sorprendió con una pregunta inesperada:

-¿Cómo hacen el amor una mujer y un hombre? He oído nombrar eso, ¿no?
Pedro casi se atraganta con el refresco, y Natalia trató de disimular su sobresalto. Intercambiaron una mirada de complicidad, era el momento de tener LA CHARLA con su hijita.

-Bueno mi amor...cuando dos personas se quieren mucho, tienen distintas formas de demostrárselo -comenzó Natalia- como darse besos, caricias, abrazarse...y una de esas formas más especiales de amarse para los adultos es a través de la relación sexual.

Mía escuchaba atenta, con los ojos muy abiertos, esperando más detalles.

Pedro continuó, midiendo cómo explicarlo para su corta edad:
-Lo que pasa es que los hombres y mujeres tenemos distintas partes íntimas, que al juntarse o rozarse producen una

sensación muy rica llamada "placer sexual". Eso ayuda a tener bebés cuando la pareja lo desea, por eso se llama "hacer el amor".

-¿Y cómo se juntan o rozan esas partes? -quiso saber Mía.
-Pues el hombre introduce su pene dentro de la vagina de la mujer -simplificó Pedro- y ese contacto íntimo los hace sentir mucho amor y placer. Luego viene la eyaculación.

Ante su expresión de desconcierto, Natalia acotó:
-O sea que el hombre suelta unos líquidos especiales dentro de la mujer y uno de esos líquidos puede fertilizar un óvulo de ella para iniciar un bebé. Es algo que te explicaremos mejor más adelante. ¿Entiendes hasta ahora o tienes más preguntas?
-¿Y dos mujeres pueden hacer el amor? ¿O un hombre con otro hombre? -consultó Mía.

Pedro y Natalia se miraron contentos, su hija tenía una mente bastante abierta para su edad y no daban nada por sentado sobre orientaciones sexuales.

-Claro que sí, mi amor. El amor es para todos, no importa si es entre un hombre y una mujer, dos mujeres o dos hombres. Y todas las parejas tienen su propia forma de demostrárselo -explicó Natalia.

Mía estaba muy conforme con la información recibida hasta el momento, así que cambiaron de tema para seguir viendo la película. Pero Natalia y Pedro supieron que su pequeña ya había despertado su curiosidad sexual infantil, por lo que más adelante continuarían educándola sobre ese importante tema con total confianza y apertura.

Luego de tener la reveladora charla con sus padres, Mía se quedó muy pensativa procesando toda la nueva información. A partir de entonces comenzó a hacer más preguntas frecuentes sobre sexo y relaciones, movida por su natural curiosidad infantil.

Unos días después, los abordó mientras cenaban:
-Mami, papi, ahora que ya sé lo que es "hacer el amor", quería preguntarles una cosa...

Natalia y Pedro se miraron sonriendo. Ya se estaban acostumbrando al tipo de cuestionamientos lógicos de su hijita.

-Dinos mi cielo -la alentó Natalia.

-¿Ustedes hacen aún el amor? Digo, para sentir placer y amarse más, como me explicaron. ¿O ya no lo necesitan por ser mayores?

Pedro casi escupe la sopa ante la inocente consulta y Natalia no pudo evitar soltar una carcajada, tapándose la boca al instante.

-Perdón hijita, no me río de ti sino de lo ocurrente que eres -se disculpó, al ver la mueca de su pequeña.

-Verás... -se apuró a intervenir Pedro- en realidad las parejas pueden disfrutar toda su vida de la intimidad y de expresar su amor sexualmente, no es sólo para los jóvenes.

-Así es -confirmó Natalia- tu papi y yo lo seguimos haciendo aunque no tan seguido como antes por cuidarte a ti y trabajar, pero es algo muy lindo que no pierde sentido con la edad cuando hay amor de por medio.

Mía aprobaba entusiasta con la cabeza, captando esa idea.

-¿Y tú crees que cuando sea grande algún día yo también sentiré "esas cosquillas raras" que describen y querré hacer esas cosas con mi novio? -preguntó.

Esta vez Natalia y Pedro respiraron más tranquilos, era algo normal que ya se habían preparado para responder con total naturalidad. Le explicaron que cuando fuera una adulta seguramente también sentiría atracción y enamoramiento, queriendo tener relaciones sexuales. Que era parte de la vida, pero mientras tanto podía divertirse con juegos, deportes y amistades propias de los niños de su edad.

Mía se sintió satisfecha y siguió comiendo muy conforme. Sus papás también se alegraron de fomentar su curiosidad infantil de forma sana, constructiva y oportuna. Sin dudas aún quedaban muchas más preguntas por venir sobre sexualidad, pero ya habían roto el hielo creando un canal abierto, genuino y amoroso con su pequeña.

Los años fueron pasando y Mía creció convirtiéndose en una adolescente muy centrada, con buenas calificaciones y rodeada de amistades. La confianza y comunicación siempre fluida con sus padres le permitió transitar los cambios puberales con tranquilidad y positivismo.

Ya con 13 años se animó a iniciar un noviazgo con Axel, un compañero de colegio por el que suspiró en silencio largo tiempo. Emocionada, se lo presentó orgullosa a Natalia y Pedro una tarde que lo invitó a tomar helado en casa.

-Así que tú eres el famoso Axel que tiene tan contenta a nuestra Mía últimamente -comentó Pedro en tono jovial estrechándole la mano.

-Papáaaa... -protestó Mía colorada, dándole un codazo de advertencia.

Axel rió divertido. -Sí señor, para mí también es una alegría y orgullo ser novio de su hija, es la chica más dulce y bonita de todas.

La parejita se miraba cómplice y Natalia no pudo evitar enternecerse. Se veían tan inocentes e ilusionados...Le trajó nostálgicos recuerdos de sus primeros noviazgos.

Después del helado los dejaron solos en la sala para que conversaran más tranquilos, mientras ellos fingían ver una película en el dormitorio sin quitarle ojo a la nueva situación.
-Se ven tan tiernos...pero no deja de preocuparme que crezca tan rápido nuestra bebé -suspiró Natalia- Ojalá que este Axel sea un buen chico y la respete.

-No te aflijas amor, sabemos que la educamos bien y puede defenderse sola si pasara algo indebido. Además, ya le dimos varias charlas sobre cuidarse en una relación sana -la calmó Pedro abrazándola.

Era cierto. Desde pequeña les hizo preguntas puntuales sobre cómo besar, si era normal sentir mariposas en el estómago al mirar a alguien que te gustaba, el tema del embarazo adolescente y las enfermedades venéreas. Ellos siempre le respondieron con honestidad, sin tabúes.

Incluso la habían llevado a que una ginecóloga amiga de Natalia le explicara sobre su salud sexual y reproductiva. Le habló sobre la menstruación, el uso eventual de anticonceptivos, el sexo seguro. Así que Mía estaba bien informada sobre esos temas clave.

De todos modos, decidieron que al día siguiente su mamá volvería a tener una charla a solas con ella sobre los límites en esta nueva etapa de noviazgo adolescente, para darle el espacio de que le consulte cualquier duda.

Y aunque sabían que no podían protegerla de todos los riesgos, confiaban en que los cimientos de una crianza saludable y abierta sobre sexualidad darían sus frutos para que se convierta en una adulta feliz y responsable de sus decisiones.

Capitulo 3: sexualidad en la adultez joven

Mía estaba viviendo una auténtica montaña rusa de emociones con Mateo desde hace unos meses. Al principio se sentía halagada por la atención y lujo de detalles de él, la hacía sentir muy especial. Le fascinaba también introducirse en temas de conversación de adultos sobre política, viajes, literatura...disfrutaba esa sensación de madurez cuando la presentaba como su novia.

Pero de a poco Mateo se fue tornando más urgente por llevar la relación al siguiente nivel físico. Comenzó con caricias subidas de tono cuando estaban a solas, ella lo frenaba incómoda. Luego fueron besos muy intensos con toqueteos por debajo y encima de la ropa. Mía no se sentía lista, encontraba todo muy rápido.

Durante una salida la condujo casi a la fuerza a un motel, diciéndole que era una niña inmadura. Ante su negativa, se puso agresivo golpeando la mesa pero después le pidió perdón llorando, culpando al alcohol. Mía lo justificó, achacándolo a una mala noche.

Pero su insistencia machista aumentaba y ella ya no sabía poner límites firmes por miedo a perderlo o enojarlo. La confundía mezclando enojo, arrogancia, menosprecio hacia su opinión para luego victimizarse y pedir perdón jurando que la amaba como a nadie.

Mía comenzó a aislarse de sus amigas, rendía menos en la universidad por estar siempre pendiente del estado anímico de Mateo. Dejó de contarle tanto a sus padres para no preocuparlos, pero su mirada triste al verla era evidente.

Un fin de semana que la obligó a ir a pasar la noche a su apartamento cruzó el último límite al intentar quitarle la ropa con violencia para consumar la relación. Ante su llanto y súplicas frenéticas él se detuvo, pero le prohibió irse hasta hacerlo "su mujer"...

Destruida, Mía aprovechó que se quedó dormido de madrugada por el alcohol y escapó a su cuarto en el campus. Llorando desconsolada llamó a sus padres contándolo todo. Ellos no la juzgaron, solo la llenaron de amor y le dijeron que iban en camino a buscarla, que ya nada malo le pasaría.

Al llegar la abrazaron fuerte, Mía se quebró sacando todo el miedo y angustia acumulados. Natalia y Pedro lloraron con ella, odiando no haber podido evitar que sufriera pero tranquilos de tenerla ahora sana y salva con ellos. Le recomendaron hacer terapia y no volver a ver a Mateo.

Fue un camino largo de sanación, donde Mía tuvo que reencontrarse y fortalecer su autoestima lastimada por ese noviazgo tóxico. Pero el profundo amor familiar y contención que siempre tuvo fueron su mayor red protectora para no hundirse en la depresión ni efectos más graves.

Con el tiempo y ayuda profesional entendió que aún le faltaba experiencia y madurez para no dejarse manipular ni sobrepasar sus propios límites por ninguna pareja. Y mirando atrás, agradeció que sus padres nunca dejaran de tenderle una mano cuando todo se desmoronaba. Ese vínculo íntegro del hogar era su mayor riqueza.

Capítulo 4: "Sexualidad y maternidad"

Ya han pasado algunos años. Tras terminar su carrera de Medicina y hacer la residencia, Mía ahora tiene 30 y ejerce como pediatra en el hospital de su ciudad natal, adonde regresó.

Retomó contacto con Axel, su novio de secundaria que siguió la misma carrera y trabaja allí como traumatólogo. Al verse nuevamente la vieja llama se reavivó, solo que ahora como adultos. Así que hace dos años están conviviendo y la relación va viento en popa.

Incluso ya han comenzado a proyectar formar una familia, algo que tienen muy idealizado y anhelado. Sería el broche de oro después de tantos altibajos sentimentales previos y de sus carreras profesionales estabilizadas. Solo faltaba que Mía terminara un posgrado que estaba cursando ese semestre para enfocarse full a la búsqueda del embarazo.

Precisamente hoy les tocaba una videollamada para contarles la gran noticia a Natalia y Pedro, que ahora están viviendo jubilados en la playa como siempre desearon.

-¡Mamiiii, papiiii, adivinen quéeé! -los saludó Mía radiante apenas atendieron, con Axel abrazándola por detrás.

-¡Ya vamos a ser abueloooos! -completó él sin poder aguantar la emoción.

Los futuros abuelos abrieron grandes los ojos y la boca, demorando unos segundos en reaccionar. Pero después las lágrimas de felicidad comenzaron a caer por sus mejillas. Era la mejor noticia que podían recibir.

-Ay mis niños lindos, me hacen tan feliz...¡no puedo creer que ya mi bebita vaya a tener su propio bebé! Lloro de la emoción.

¿De cuánto tiempo estás, mi amor? Cuéntenme todo -quiso saber Natalia secándose las lágrimas.

Mía le contó que tenía diez semanas, se había hecho análisis de sangre por una leve demora en su período y salió el positivo que la llenó primero de shock y luego de pura alegría al procesarlo. Que venía evolucionando todo perfecto, sin mayores malestares del embarazo aún y muy ansiosa por la primera ecografía.

Hablaron extasiados del tema por más de una hora. Axel no podía ser más dulce y atento, estaba en cada detalle alrededor suyo cuidándola, tocando su aún plana pancita con adoración y haciéndole promesas al bebé en camino. La trataba como si fuera de porcelana fina desde saber la noticia.

Natalia estaba emocionada, sabía que su hija iba a ser una madre excelente por esa vocación innata de la maternidad que mostró desde pequeña jugando a las muñecas. Y Axel representaba al mejor compañero de vida posible para esto, lo sentía como un hijo más. Solo faltaba que Pedro soltara algunas lágrimas contenidas.

Al despedirse, Mía les hizo prometer que estarían presentes en cada paso: la primera ecografía, al enterarse el sexo del bebé, la planificación del cuarto infantil, el baby shower...quería compartir con sus padres toda esa hermosa experiencia de transitar el embarazo y la llegada de su primogénito. Ellos le juraron que así sería, que la acompañarían desde la distancia en todo momento de la dulce espera.

Los meses fueron pasando entre controles periódicos, antojos, preparativos y videollamadas constantes para que Natalia y Pedro no se perdieran ningún detalle. Supieron que venía en camino una niña y lloraron juntos de emoción. La llamarían Antonella en honor a la abuela fallecida de Mía.

Todo marchaba sobre ruedas hasta pasada la semana 33 de gestación, cuando de repente rompió bolsa en el hospital poco antes de salir de su turno...tuvieron que hacerle una cesárea de emergencia por un cuadro de preeclampsia severo. Fue todo muy traumático e inesperado.

Por suerte Antonella nació sana a pesar de la prematuridad...pero tuvieron que pasar varios días en neonatología para completar su desarrollo pulmonar con cuidados especiales. Mía estaba aún shockeada y dolorida de la cirugía, tratando de recuperarse anímicamente. Natalia y Pedro no encontraban forma de viajar antes para acompañarla.

Finalmente luego de dos largas semanas madre e hija obtuvieron el alta y pudieron llevar a su pequeña al fin a casa. Nada se comparó a ese momento mágico con Axel de ingresar los tres juntos al que ya era el cuarto listo esperándola. Mía lloraba de emoción mirando a Antonella y luego lo miraba a él susurrando un "gracias, gracias por esta familia...". Se sentía la mujer más plena sobre la faz de la Tierra.

Y un par de días después Natalia y Pedro sorprendieron tocando la puerta, volando varios días antes de lo planeado. No podían esperar más para llenar de besos y abrazos a su hija y nieta postergados...

Capítulo 5: "Sexualidad y climaterio"

El paso del tiempo es implacable, y pronto Natalia y Pedro estaban soplando 70 velitas en su último cumpleaños compartido, antes de que él falleciera pocos meses después por un infarto masivo.

Fue un golpe durísimo del que Natalia no se pudo reponer anímicamente. Habían estado juntos toda una vida, desde la adolescencia temprana. Y ahora de repente ese compañero inseparable con el que construyó absolutamente todo ya no estaba. El hogar, la cama matrimonial, se le hacían enormes e insoportables de tan vacíos y fríos.

Sus hijos Mía y Sebastiáncontainían su pena como podían, temerosos al principio de dejarla mucho tiempo sola luego del entierro por miedo a que atentara contra su vida. Pero Natalia fue reencontrando muy de a poco cierta paz en la resignación y los recuerdos compartidos, gracias al amor incondicional de sus retoños.

Decidió volver a sus raíces como terapia y se mudó a la misma ciudad de ellos para no atravesar en soledad su duelo. Si bien nada podía reemplazar a Pedro, los nietos eran su mayor consuelo y motivo de continuar. Se volcó de lleno en cuidarlos y consentirlos ahora que Mía retomaba más fuerte su trabajo y el pequeño Seba tenía dos años, muy demandante.

Un día charlando con su hija, Natalia hizo una confesión difícil pero liberadora...que hace mucho tenía ganas de exteriorizar por consejo profesional:

-Hija, ¿puedo contarte algo muy personal e íntimo? Es sobre mí y tu padre...

-Claro ma, sabes que puedes decirme lo que sea -la alentó Mía extrañada de tanto preámbulo poco habitual.
Natalia tomó aire y se lo soltó sin más vueltas.

-Años antes de que papá se fuera siempre tan súbitamente...nuestra relación íntima como pareja ya venía muy apagada, casi nula, desde que yo entré en la menopausia. Mi libido bajó mucho, los cambios hormonales y todo eso que ya sabrás que nos pasa a las mujeres...no sé, dejé de sentir placer y me volví indiferente al sexo.

Mía escuchaba en silencio y sin juzgar. Sabía que para su madre estar confesando algo así debía significar un gran esfuerzo.

-Pero ahora con la ausencia definitiva de tu padre, los años de falta de intimidad previa pesan el doble -continuó Natalia con los ojos llorosos-. Daría lo que fuera por poder retroceder el tiempo y volver a conectar de esa forma tan única con él. Tengo culpa de haberme desconectado tanto de mis propias necesidades y las de la pareja. Se fue creando un abismo sin quererlo realmente...Ojalá le hubiera prestado más atención a esa dimensión fundamental.

Mía la abrazó conmovida. Sabía el tabú que aún generaba para las mujeres mayores hablar de sexualidad, mucho más admitir dificultades. Le aseguró que su padre estaría orgulloso de ella por animarse a verbalizar eso tan callado socialmente.
-Nunca es tarde para retomar el cuidado de nuestra salud sexual integral then cuedta -arriesgó-. Existen terapias hormonales, cremas vaginales, cambios alimenticios... y si lo deseas también podrías consultar con un psicólogo especialista en duelo y sexualidad. Nada se compara a papá claro, pero mereces transitar este proceso de la mejor manera por tu bien.

Natalia asintió más liviana. Su hija tenía razón. Era hora de poner el foco en ella misma y su propia calidad de vida. Le demostraría a Pedro desde el recuerdo que aún estaban a tiempo de reencontrarse íntimamente.

Luego de la emotiva charla con Mía, Natalia se sintió revitalizada para comenzar a transitar su duelo y esta nueva etapa de la vida que se extendía ante ella, ahora en soledad física pero acompañada por sus seres más amados.

Decidió poner en práctica cada consejo de su hija. Consultó a una ginecóloga amiga sobre terapia de reemplazo hormonal y empezó un tratamiento personalizado para equilibrar sus niveles de estrógenos, tan fundamentales para la lubricación vaginal, la densidad ósea, el estado de ánimo y más.

También investigó y agregó fitoestrógenos (isoflavonas de origen vegetal) a su dieta, que ayudan con los bochornos y sofocos típicos de la menopausia. Notó una mejoría progresiva en varios aspectos en pocas semanas.

Asimismo comenzó psicoterapia semanal enfocada especialmente en elaborar su viudez, la culpa por descuidos en la relación de pareja y reencontrar su propia identidad femenina más allá del rol de madre/esposa que tantos años ocupó.

Fueron sesiones duras pero sumamente sanadoras. Natalia pudo expresar todo ese cúmulo de emociones crudas que la abrumaban: bronca, tristeza, miedo, sensación de fracaso...y llorar a mares por la pérdida de su gran amor.

Pero después llegó la etapa de rememorar lo positivo, lo hermoso construido y vivido junto a Pedro, agradeciendo su amor incondicional a pesar de los altibajos normales de toda pareja.

El terapeuta la guió amorosamente pero sin concesiones paternalistas en ese proceso catártico de elaborar la ausencia física de su compañero de toda la vida. Natalia finalmente pudo perdonarse y hacer las paces con ese pasado imposible de modificar. Comprendió que lo importante era honrarlo desde el presente en adelante.

Así fue recuperando de a poco su energía y entusiasmo genuinos, ahora ya sin culpa como carga pesando al caminar. Volvió actividades sociales, retomó el contacto con viejas amistades, se enfocó en vivir el hoy agradecida por tener salud y una familia hermosa fruto de ese amor inquebrantable con Pedro, que los trascendía en sus retoños y nietos.

Un mediodía saliendo de su sesión semanal, Natalia se cruzó por casualidad con un viudo amigo de toda la vida, compañero de colegio junto a Pedro. Intercambiaron miradas cómplices de reencuentro y sin dudarlo fueron a tomar un café para conversar, en esa plaza testigo de sus días juveniles cuando la vida abría sus alas…

Capítulo 6: "Envejecimiento activo y sexualidad"

Natalia y Ernesto comenzaron a verse cada vez más seguido desde ese encuentro casual en la plaza. La química surgía sola, tenía mucho de ayuda esa historia compartida previa junto a sus difuntos cónyuges respectivos.

Se contenían las ganas mutuas de acercamiento por respeto al duelo aún cercano. Pero poco a poco fue naturalmente sucediendo. Una caricia furtiva, miradas cada vez más profundas y prolongadas...así floreció esa incipiente atracción que prometía sanar heridas y devolverles la sonrisa.

Una tarde Ernesto se atrevió a confesarle sus sentimientos recrecidos por ella, temeroso de espantarla. Pero para su sorpresa Natalia lejos de negarlo lo besó tímidamente en los labios, poniéndolo feliz.

-Ernesto...yo también necesitaba escuchar eso -admitió ella mirándolo con ojos brillantes, cual adolescente-. Me sorprende sentir estas cosas a mi edad, estas cosquillas en la panza cuando estamos juntos...pensé que ya estaba extinta mi capacidad de amar luego de tanto dolor. Pero me alegra equivocarme, contigo todo es tan fácil y lindo...

Se fundieron en un abrazo largo y cargado de promesas. Besarse se sentía como retornar al hogar tras un viaje agotador. Era volver a creer en los nuevos comienzos cuando todo parecía perdido.

Decidieron ir paso a paso, conteniendo el ímpetu para no apresurarse y echarlo a perder. Funcionaba así que no tentarían la suerte. Salían al cine, a comer, a bailar...recordando su adolescencia lejana, reviviéndola de algún modo con la experiencia de la madurez tan distinta.
Pasados unos meses, la atracción corporal creciente se fue tornando más evidente e intensa. Sus caricias comenzaron a volverse más atrevidas y la ropa parecía estorbar. Fue Ernesto quien se animó una noche a sugerirle formalizar al fin su relación amorosa como pareja estable en exclusividad, ella aceptó encantanda.

Esa madrugada hicieron el amor con efusividad pero sin apuro, conscientes del profundo vínculo emocional forjado previamente. Fue hermoso entregarse sintiendo algo tan fuerte y sincero de nuevo a esa altura de la vida, luego de cicatrizar heridas del pasado que parecían no tener fin.

Demostraron amarse con cada poro de la piel, susurrándose palabras de afecto y futuro sin prisa pero con la sabiduría de que no estaban garantizados los años ni la salud.

Simplemente disfrutando el hoy como regalo perfecto de la existencia.

Y tras el acto durmieron abrazados, con esa paz interior tan honda que solo concede el sentirse profundamente comprendidos y contenidos en brazos amados.

A la mañana siguiente mientras desayunaban, Natalia le envió una foto abrazada a Ernesto con el horizonte de fondo a su hija Mía, contándole de la relación y este gran paso en la intimidad. Mía se emocionó hasta las lágrimas, diciéndole lo mucho que se alegraba por ella y lo orgulloso que papá estaría también de verla abrir su corazón al amor verdadero otra vez.

Ese mediodía brindaron los cuatro junto a sus respectivas familias con champagne por videoconferencia, celebrando el nacimiento de este romance que llegó para demostrarles que nunca se es demasiado mayor para vivir nuevos comienzos.
Y en ese instante Natalia supo que Pedro guiaba sus pasos desde el más allá complacido, deseándole que sea enormemente feliz al lado de Ernesto porque se lo merecía luego de tanto sufrimiento silencioso.

El noviazgo fluía de maravillas. A sus 70 años se sentían como quinceañeros enamorados, tan grande era la ilusión que los embargaba. No necesitaban mucho para ser felices: caminatas al atardecer, salidas de baile, cenas románticas... cualquier plan era perfecto mientras estuvieran juntos.

Ernesto era muy atento y cariñoso. La colmaba de besos y detalles constantemente. También en la intimidad la hacía sentir cuidada, deseada y preciada. Tenían una conexión excepcional en todos los aspectos.

Natalia agradecía tanto haberle dado una segunda oportunidad al amor cuando creyó haberlo perdido todo. Ver el orgullo y alegría en los ojos de sus hijos al verla tan ilusionada con Ernesto la llenaba de dicha. Era una sensación inenarrable.

Así pasaron largos años de noviazgo establecido hasta que un día Ernesto le propuso compromiso de matrimonio, ella aceptó encantada. Querían unir sus vidas y lo que les quedaba de años por delante. Sus respectivas familias estallaron en júbilo.

Organizaron una ceremonia íntima e informal para casarse a la vieja usanza. Mía y Sebastián fueron sus testigos de honor. El pastel era diminuto y modesto, pero nada ensombrecía la inmensa felicidad que embargaba a los novios esa tarde soleada de primavera tardía.

Brindaron con champagne por la maravillosa segunda oportunidad de amor verdadero que la vida les había concedido. Natalia lanzó su ramo y observó entre lágrimas cómo su pequeña nieta Antonella lo atajaba inocente, sin saber el simbolismo detrás de ese gesto que preanunciaba un futuro venturoso para la angelita.

Los años siguientes combinaron viajes, salidas, disfrute mutuo y algún que otro achaque propio de la edad. Pero nada empañó la luminosidad de ese amor nacido de las cenizas que los sostenía.

Hasta que un día Ernesto comenzó a sentirse más cansado y falto de energía que de costumbre. Los estudios arrojaron un devastador diagnóstico de cáncer terminal en etapa avanzada.

Natalia se volcó por entero a cuidarlo en los meses difíciles que le siguieron, demostrándole todo su amor inquebrantable en acciones concretas. No derramaba ni una lágrima frente a él para no angustiarlo más, pero por dentro ella se estaba desangrando lentamente también.

La noche previa a su partida inevitable, Ernesto la llamó débilmente a su cama y le habló con la voz entrecortada de llanto contenido:
-Mi amor, mi vida entera...quisiera pedirte algo muy especial. ¿Me concederías el honor de yacer a mi lado esta última noche para sentir tu calor y olor a almendras una vez más? Prometo portarme bien pese a la debilidad...solo déjame abrazarte hasta el alba por favor.

Natalia accedió conmovida y se recostó junto a él colmándolo de besos y mimos. Durmieron muy juntitos como cada noche anterior al diagnóstico, cuando la vida aún parecía sonreírles. A la madrugada la respiración de Ernesto se detuvo muy suavemente, casi imperceptible, aún entre los brazos de su amada Natalia que no había pegado un ojo en toda la noche vigilando su sueño eterno.

Meses después, ya más elaborado el doloroso duelo gracias al apoyo profesional y familiar, Natalia continuó cultivando los maravillosos recuerdos de la etapa compartida junto a su adorado segundo esposo Ernesto, que llegó a su ocaso para demostrarle que nunca era tarde para renacer del sufrimiento y volver a florecer en el amor.

Y así encontró la motivación cada mañana al despertar, en la certeza de que más allá de la muerte y el dolor transitorios, el espíritu de ese amor verdadero que los unió perduraba intacto para toda la eternidad dentro de su alma...